Die

Verleitung zum falschen Eide

als selbstständiges Verbrechen

mit Bezug auf

§. 139 des Entwurfs eines Strafgesetzbuchs für den Norddeutschen Bund

und

§. 130 des Preußischen Strafgesetzbuchs

von

Dr. Aug. Sigm. Schultze,
Kreisrichter.

Berlin.
Verlag von J. Guttentag.
1870.

Bei einem so wohldurchdachten und so wohlgelungenen Werke, wie der Entwurf zu einem Strafgesetzbuch für den Norddeutschen Bund es ist, steigt mit der Aussicht auf die vermuthliche Dauer desselben auch der Anreiz, da, wo man eine Verbesserung möglich glaubt, dieser, wenn thunlich, Eingang zu verschaffen.

Der neue Grundgedanke, welcher in den nachfolgenden Blättern angedeutet ist, ist der: daß die wissentliche Verleitung zum falschen, d. h. auch nur objectiv falschen Eide, ein selbstständiges Verbrechen ist, welches nur den Vorsatz, einen falschen Eid, nicht noch außerdem deu besonderen Vorsatz, einen wissentlich falschen Eid herbeizuführen, erfordert.

Der dem §. 130 des Preußischen Strafgesetzbuchs in der Hauptsache wörtlich nachgebildete §. 139 des Entwurfs erscheint von diesem Gesichtspunkt aus zu eng. Der in beiden Gesetzesbestimmungen verborgene criminalpolitische Gedanke ist richtig, aber er ist nur halb zum Durchbruch gekommen. Die vielfachen Angriffe, welche gegen diese Bestimmungen gerichtet worden sind, haben sämmtlich ihren eigentlichen Stützpunkt — bewußt oder unbewußt — nicht in jenem Gedanken, sondern in dieser Halbheit. Nur die dadurch in dem System erzeugte Abnormität einer Ausnahme von dem allgemeinen und begrifflich nothwendigen Grundsätzen über Anstiftung und Versuch ist es, was in jenen Gesetzesbestimmungen mit Recht angegriffen wird. Mit der vollkommener Durchführung des in ihnen enthaltenen Gedankens wird zugleich eine empfindliche Lücke in dem materiellen Strafrecht ausgefüllt und die Symetrie in seinem System wieder hergestellt.

Von der Wahrheit des Gedankens bin ich so sehr durchdrungen, daß ich ihn der öffentlichen Beurtheilung selbst in der letzten Stunde nicht vorenthalten mag, zumal er bei juristischen Freunden Beifall gefunden hat.

Die durch Amtsgeschäfte bedingte Verzögerung der Abfassung hat diesen Zeilen zwar bei der frischen Schnelligkeit, deren unsere Fachgesetzgebung sich jetzt erfreut, eine etwaige Aussicht auf praktischen Erfolg noch mehr geschmälert; aber die Möglichkeit ihrer Berücksichtigung ist selbst in dem Moment nicht ausgeschlossen, in welchem der Reichstag zur Berathung des Strafgesetzbuchs zusammentritt. Auch ohne unmittelbaren praktischen Erfolg aber werden sie ihren Lohn eingetragen haben, wenn sie Andre von ihrer Wahrheit zu überzeugen im Stande sein sollten.

Greifswald, den 14. Februar 1870.

Schultze.

I.

Der Eid ist das bei weitem wichtigste Beweismittel in der gesammten bürgerlichen und peinlichen Rechtspflege. Wenn man den Eid auch nur in so weit im technischen Sinne als Beweismittel bezeichnet, als er von der einen Partei selbst, nachdem er ihr vom Gegner zugeschoben oder vom Richter auferlegt ist, geleistet werden soll, so beruht doch die ganze Beweiskraft auch des Zeugenbeweises, des Sachverständigenbeweises und des Urkundenbeweises allein auf dem Eid, da nur das eidliche Zeugniß, das eidliche Gutachten der Ueberzeugung des Richters einen Anhalt geben, die Echtheit oder Unechtheit einer Urkunde nur durch Eidesantrag, durch eidlich erhärtete Zeugenaussagen oder Gutachten, und soweit dies überhaupt zulässig, der Inhalt formell echter Urkunden nur durch eidliche Zeugenaussagen widerlegt werden kann. Mit Ausnahme des verhältnißmäßig seltenen Beweises durch richterlichen Augenschein und Geständniß, beruht mithin die Zuverlässigkeit alles Beweises im Civil- und Criminalproceß auf der Wahrhaftigkeit, mit welcher der Eid geleistet, auf der Gewissenhaftigkeit, mit der er verweigert wird. Seine Heilighaltung ist daher eine der wesentlichsten Voraussetzungen für den sachgemäßen Erfolg aller Rechtspflege und damit für die Rechtssicherheit der bürgerlichen Gesellschaft überhaupt. Gegen die Unwahrheit der Eide zu schützen, ist Sache der Religion, der Moral und der Gesetzgebung, und jeweniger die letztere sich verhehlen kann, daß die Hauptlast immer mehr auf ihre eignen Schultern zu fallen droht, desto größere Aufmerksamkeit hat insbesondere das Strafgesetz dieser Materie zuzuwenden.

Das preußische Strafgesetzbuch und — bis auf geringere Strafminima mit ihm wörtlich übereinstimmend — der Entwurf des Strafgesetzbuchs für den norddeutschen Bund strafen den wissentlich falschen Eid, die wissentlich falsche Versicherung an Eides statt, den vorsätzlichen Bruch einer eidlichen Caution und des Manifestationseides, und den fahrlässig falschen Eid. Die vorsätzliche Herbeiführung eines falschen, durch einen Andren zu leistenden Eides als solche, d. h. die wissentliche Verleitung zum falschen Eide, sofern der Verleiter nur die Absicht hat, einen objectiv falschen Eid herbeizuführen, ihm aber außerdem der Vorsatz nicht nachgewiesen werden kann, daß der Andere nicht nur objectiv sondern auch wissentlich falsch schwören solle, wird von beiden Strafgesetzen als eine strafbare Handlung nicht anerkannt.

Dagegen enthalten das preußische Strafgesetzbuch und der Entwurf eine besondere Bestimmung über den Versuch der Verleitung zum wissentlich falschen Eide, welche ihrer Entstehungsgeschichte nach eine Ausnahme von den allgemeinen Grundsätzen über Theilnahme Anstiftung und Versuch enthalten soll, und den vorsätzlichen Versuch der Verleitung zum wissentlich falschen Eide unter Strafe stellt, welcher ohne diese besondere Bestimmung nach jenen allgemeinen Grundsätzen nicht mit Strafe belegt werden könnte. Diese Bestimmung lautet im §. 130 des preußischen Strafgesetzbuchs und resp. §. 139 des Entwurfs:

> Derjenige, welcher einen Anderen wissentlich zur Ableistung eines falschen Eides in dessen eignen Angelegenheiten, zur eidlichen Bekräftigung der Unwahrheit oder zur Angabe der Unwahrheit nach abgeleistetem Zungeneide zu verleiten versucht (nach dem Entwurf: „sucht"), soll mit Zuchthaus bis zu fünf Jahren bestraft werden.
>
> Derjenige, welcher einen Andren wissentlich zur Abgabe einer falschen Versicherung an Eidesstatt (§. 129. Entw. §. 138.) zu verleiten versucht („sucht"), wird mit Gefängniß bis zu einem Jahre bestraft, auch kann gegen denselben zugleich auf zeitige Untersagung der Ausübung der bürgerlichen Ehrenrechte erkannt werden.

Gleich an dieser Stelle mag, um Mißverständnissen vorzubeugen, bemerkt sein, daß beide Gesetze, wie sich unten ergeben wird, obschon sie sagen: „wer wissentlich zur Ableistung eines falschen Eides, zur Angabe der Unwahrheit — zu verleiten versucht", unzweifelhaft sagen wollen: „wer zur Ableistung eines wissentlich falschen Eides, zur wissentlichen Angabe der Unwahrheit — zu verleiten versucht."

Um die beabsichtigte Ausnahmenatur dieser Bestimmung zu constatiren ist es erforderlich, auf den Begriff der Theilnahme zurückzugehen.

II.

Nach den allgemeinen Grundsätzen über Theilnahme an einem Verbrechen, deren eine Erscheinungsform die Anstiftung ist, liegt in dem Begriff der letzteren, als der vorsätzlichen Bestimmung des Willens eines Anderen zum Verbrechen, das Erforderniß, daß der verbrecherische Vorsatz des Anstifters den verbrecherischen Vorsatz des Angestifteten hervorgebracht hat; sie setzt daher den verbrecherischen Vorsatz sowohl bei dem Anstifter als auch bei dem Angestifteten und außerdem voraus, daß dieser Vorsatz des letzteren zur strafbaren Handlung, also entweder zum Verbrechen selbst oder wenigstens zum strafbaren Versuch desselben geworden ist.*)

Es folgt hieraus zweierlei:

Erstens, daß der Versuch der Anstiftung, welcher ohne Erfolg geblieben ist und nicht einmal einen strafbaren Versuch des Verbrechens durch den Angestifteten zur Folge gehabt hat, straflos ist. — Denkbar sind Fälle, in welchen die fruchtlos versuchte Anstiftung zwar nicht als solche, aber als Versuch des Verbrechens selbst oder als ein andres Verbrechen strafbar erscheint; dann nemlich, wenn die fruchtlose Anstiftung als Anfang der Ausführung des Verbrechens selbst angesehen werden muß, oder den Thatbestand eines anderen Verbrechens in sich enthält. Es ist z. B. denkbar, daß unter Umständen der vergebliche Versuch einen Mörder zu dingen, als Versuch des Mordes aufgefaßt, oder daß derjenige, welcher die That durch einen Andern als Werkzeug begehen will und zu diesem Zweck einen, jeden Dolus ausschließenden Irrthum in demselben erregt, des Versuchs des Verbrechens selbst schuldig erachtet werden könne.**) Bei denjenigen Verbrechen aber, welche ihrem Begriffe nach durch einen Anderen nichtverübt werden können, vielmehr wie z. B. Incest, Amtsverbrechen, Meineid,***) Dolus und Vollbringung als in einer Person vereinigt voraussetzen ist jede Möglichkeit, die versuchte Anstiftung als Versuch des Verbrechens selbst zu bestrafen, ausgeschlossen.

*) Berner, Lehrbuch des deutschen Strafrechts §§. 107—110. Haelschner, das preußische Strafrecht Bd. II. S. 328. 342. Goltdammer, Archiv. Bd. 8 S. 201. Bd. 3 S. 291. Bd. 5 S. 580. Ders. Materialien Bd. 1 S. 323. Die Praxis bei Oppenhoff, Strafgesetzbuch §. 41 Not. 10 u. 11.

**) Die hiermit übereinstimmende Praxis vergl. bei Oppenhoff, Strafgesetzbuch zu §. 34. bes. Not. 28, 44, 45, 4.

***) Der abnorme Fall der Vertretung bei der Eidesleistung kommt hier nicht in Betracht.

Zweitens folgt aus jenem Satze, daß es eine strafbare Anstiftung zu einem fahrlässigen Verbrechen nicht giebt, weil es hier dem Thäter an dem verbrecherischem Vorsatze fehlt. Handelt der Anstifter dolos, der Angestiftete aus irgend einem Grunde ohne Dolus, so sind auch hier Fälle denkbar, in welchen beide, der Anstifter, welcher sich des Andern als physischen Werkzeuges bediente als doloser Thäter, der andere als culposer Thäter strafbar erscheinen können*); allein auch diese Möglichkeit ist bei denjenigen Verbrechen, welche durch einen Andren nicht verübt werden können, ausgeschlossen.

Nach allgemeinen Grundsätzen kann daher der Verleiter zum falschen Eide nur dann bestraft werden, wenn

1. er selbst nicht nur die Unwahrheit der zu beschwörenden Thatsache kannte, sondern auch davon überzeugt war, daß der zu Verleitende die Unwahrheit derselben ebenfalls kenne, sein Vorsatz mithin nicht nur auf einen objectiv falschen sondern auch auf einen in der Seele des zu Verleitenden wissentlich falschen Eid gerichtet war; und wenn
2. der Verleitete den Eid auch in der That wissentlich falsch geleistet oder zu leisten wenigstens strafbar versucht hat.

Straflos dagegen ist — vom Gesichtspunkt der allgemeinen Grundsätze über Theilnahme aus — der Verleiter zum falschen Eide nicht nur, wenn es überhaupt zur Eidesleistung oder ihrem Versuch nicht gekommen ist, sondern auch, wenn der Andre nicht wissentlich sondern nur fahrlässig falsch geschworen hat, gleichviel ob der Verleiter einen wissentlich falschen oder aber durch Erregung eines Irrthums oder sonstige Kunstgriffe einen fahrlässig falschen Eid herbeiführen wollte. Von selbst versteht sich, daß nach jenen allgemeinen Grundsätzen von Theilnahme der Verleiter dann nicht gestraft werden kann, wenn, obschon er selbst einen wissentlich falschen Eid herbeiführen wollte, in Folge seiner Verleitung ein lediglich objectiv falscher Eid geleistet worden ist, welcher kein Verbrechen des Schwörenden enthält, sei es weil diesem nicht einmal eine Fahrlässigkeit zur Last gelegt werden kann oder die Zurechnungsfähigkeit mangelte.

Der §. 130 des Strafgesetzbuchs und der §. 139 des Entwurfs wollen nun von diesen nach allgemeinen Grundsätzen straflosen Fällen der wirklichen oder der erfolglos versuchten Verleitung zum objectiven falschen Eide diejenigen unter Strafe stellen, in welchen der Verleiter

*) vergl. Oppenhoff l. c.

nicht nur die Unwahrheit der zu beschwörenden Thatsache, sondern auch das Bewußtsein des zu Verleitenden von dieser Unwahrheit kannte, sein bewußter Vorsatz also auf Herbeiführung eines in der Seele des Verleiteten wissentlich falschen Eides gerichtet war. Wenn dieser Vorsatz nachgewiesen werden kann, bestrafen sie den Verleiter ohne Rücksicht darauf, ob der Verleitete wissentlich oder nicht wissentlich falsch geschworen, oder ob derselbe gar nicht geschworen oder zu schwören versucht hat. Diese Bestimmungen von dem Gesichtspunkt der Anstiftung und des Versuches aus betrachtet, enthalten also eine Ausnahme von den allgemeinen Grundsätzen über Beide, von den Grundsätzen über Theilnahme, weil sie den Verleiter bestrafen, obschon es dem Thäter am verbrecherischen Vorsatz gebrach und — falls nicht einmal ein fahrlässiger Meineid geleistet ist — obschon eine strafbare Handlung des Verleiteten überhaupt nicht vorliegt; von den Grundsätzen über Versuch, weil sie einen Versuch an der Theilnahme constatiren, welcher begrifflich undenkbar ist.

Bevor wir auf diese Bestimmung näher eingehen ist es erforderlich, einen Blick auf die Geschichte der preußischen Strafgesetzgebung in dieser Richtung zu werfen.

III.

Die preußische Strafgesetzgebung hat sich wiederholt mit der Frage beschäftigt, in wie fern die Verleitung zum falschen Eide einer besonderen Bestimmung bedürfe.

Bei der Redaction des Allgemeinen Landrechts war ein Bedenken aufgetaucht, ob die Anstiftung grade bei dem Verbrechen des Meineides, selbst wenn dieser geleistet und sowohl bei dem Anstifter des dem Thäter der Vorsatz auf einen wissentlich falschen Eid gerichtet gewesen sei, nach allgemeinen Grundsätzen über Theilnahme überhaupt bestraft werden könne. Man bezweifelte dies deshalb, weil der Anstifter den Eid nicht selbst leisten, sich des Andern also auch nicht als bloßen Werkzeuges zur Ableistung des Eides bedienen könne, und glaubte, daß der Begriff der Theilnahme bei solchen Verbrechen, welche der Anstifter unter keinen Umständen selbst begehen könne, ausgeschlossen sei. Das preußische Allgemeine Landrecht bestimmte daher im §. 1414 Th. II. Tit. 20 ausdrücklich:

> Wer durch Bestechung oder andre versprochene oder wirklich verschaffte Vortheile einen Andren zu einem vorsätzlichen falschen Eide verleitet, soll mit dem Meineidigen gleiche körperliche Strafe

leiden; und außerdem um den vierfachen Betrag des gesuchten Vortheils an Gelde gestraft werden.

Die Entwürfe von 1829 und 1830 verwarfen mit Recht dieses Bedenken. Nach dem Begriff der Theilnahme kann es keinem Zweifel unterliegen, daß derselbe auch auf diejenigen Verbrecher Anwendung findet, welche ihrer Natur nach Dolus und physische Thäterschaft in einer Person vereinigt voraussetzen. Man hat daher mit Recht, seitdem eine ausdrückliche Strafbestimmung für die vorsätzliche Verleitung zum wissentlichen Meineid nicht für erforderlich gehalten.

Ein fernerer Zweifel entstand darüber, ob nicht der Anstifter zum Meineide schwerer zu strafen sei, als der Meineidige selbst. Der Entwurf von 1843 ging von der Voraussetzung aus, daß der Anstifter in der Regel durch den von ihm veranlaßten Meineid des Anderen noch einen besonderen rechtswidrigen Zweck für sich selbst zu erreichen strebe und daher, mindestens unter Umständen, strafbarer sei, als der zum Meineide Verleitete, und bestimmte demgemäß unter Bezugnahme auf den Art. 365 des Code pénal:

> daß gegen den Verleiter zum Meineide die auf den Meineid selbst gesetzten Strafen um die Hälfte geschärft werden können*).

Die Revision von 1845**) verwarf dies mit der Erwägung, daß der käufliche gewerbsmäßige falsche Zeuge offenbar ein viel schwererer und gefährlicherer Verbrecher sei, als der Bestechende oder Verleitende, der sich möglicherweise von einem grundlosen Anspruch oder einer unverschuldeten Strafe durch den Nachweis eines unrichtigen Alibi oder sonst aus Furcht vor Strafe von dieser befreien wolle, ihm selbst auch die Entweihung des göttlichen Namens unmittelbar nicht zur Last falle."

Offenbar ist die eine Erwägung allgemein ebensowenig zutreffend wie die andere. Ein allgemeines Urtheil, ob der Verleiter zum Meineid oder der Meineidige strafbarer sei, ist unmöglich. Lediglich aus den besonderen Umständen, aus den Motiven des Einen und des Andern und der Art ihrer Verwirklichung läßt sich in jedem einzelnen Falle die größere Strafbarkeit des Verleiters oder des Meineidigen bemessen. Dieser in jedem Falle innerhalb des für beide gesetzten Strafmaßes Rechnung zu tragen, ist Sache des erkennenden Richters. Mit Recht haben daher sämmtliche spätere Entwürfe von der Bestimmung eines

---

*) Berathungsprotokolle der Kommission des Staatsraths über den II. Theil des Entwurfs des Strafgesetzbuchs. I. Abth. 1840 S. 79 Entw. von 1844 §. 254.

**) Revision des Entwurfs des Strafgesetzbuchs von 1842 II. 1845 S. 85.

verschiedenen Strafmaßes für den Verleiter und den Verleiteten abgesehen.

Zuerst im Jahre 1847 wurde von den rheinischen Mitarbeitern am Entwurfe eine Strafbestimmung für diejenigen Fälle der Verleitung zum falschen Eide, welche vom allgemeinen Gesichtspunkt der Theilnahme aus nicht gestraft werden können, und zwar dahin vorgeschlagen:

§ 156 a. Derjenige, welcher einen Andren wissentlich zur Ausschwörung eines falschen Eides in dessen eigenen Angelegenheiten, zur eidlichen Bekräftigung einer Unwahrheit als Zeuge, zur Aussage einer Unwahrheit nach abgeleistetem Zeugeneide oder zur Abgabe einer falschen Versicherung an Eidesstatt verleitet, wird dadurch nicht straflos, daß der Verleitete nicht wissentlich die Unwahrheit sagt, oder aus einem anderen ihm persönlichen Grunde nicht schuldig ist.

Die Motive dieses Vorschlages lauten:

„Es tritt zuweilen der Fall ein, daß die Verleitung zum falschen Eide, besonders zum falschen Zeugnisse vollständig erwiesen, auch die Unrichtigkeit der Aussage des Zeugen konstatirt wird, derselbe aber nicht bestraft werden kann, weil die Geschwornen erklären, er habe nicht in der Ueberzeugung, daß die Thatsache falsch sei, sie bekundet, sondern nur ohne sie positiv zn wissen, oder er sei wegen Mangels an Geistesfreiheit bei der That nicht schuldig. In diesem Falle ist kein Grund vorhanden, den Verleiter zum falschen Zeugniß straflos zu lassen, da materiell ein falsches Zeugniß vorliegt und der Verleiter dessen wirklicher intellectueller Urheber ist. Es bedarf aber dieserhalb einer besonderen Bestimmung, weil man annehmen könnte, daß, da rücksichtlich des Zeugen selbst kein Verbrechen vorliegt, auch von einem Urheber und dessen Bestrafung nicht die Rede sein könne.“ *)

Die Kommission des Staatsraths verwarf diesen Vorschlag mit acht gegen drei Stimmen (der Antragsteller. Es heißt darüber in dem Protokoll nur**):

„Man ging davon aus, daß, wenn die hier erwähnte Handlung

*) Fernere Verhandlungen der Kommission des Staatsraths über den revidirten Entwurf des Strafgesetzbuchs. Berlin 1847. S. 49. 50.

**) Verhandlungen der Kommission des Staatsraths über die von dem Königl. Staatsministerium zum Entwurf des Strafgesetzbuchs vorgeschlagenen Abänderungen. Berlin 1847 S. 49.

nach allgemeinen Grundsätzen wirklich als Anstiftung und vollendeter Versuch zu betrachten sei, es darüber keiner besonderen Bestimmung bedürfe, außer diesem Falle aber die Vorschrift bedenklich erscheine."

Das Neue in dem Vorschlag der rheinischen Juristen bestand darin, daß der Verleiter zum falschen Zeugniß in jedem Falle, wenn ein solches wirklich geleistet worden, bestraft werden soll, gleichviel, ob der Verleitete wissentlich, fahrlässig oder schuldlos falsch geschworen hat, und gleichviel, ob der bewußte Vorsatz des Verleiters auf einen in der Seele des Verleiteten wissentlich, fahrlässig oder schuldlos falschen Eid, genug, wenn er nur auf einen objectiv falschen Eid gerichtet war. Die Wortfassung sowohl des Vorschlags selbst als der Motive giebt keine Veranlassung, in letzterer Beziehung anzunehmen, die beantragte Strafbestimmung setze bei dem Verleiter den bewußt auf einen wissentlichen Meineid des Verleiteten gerichteten Vorsatz voraus *). Will man diesen Vorschlag, wie es von den Antragstellern geschehen ist, unter den Gesichtspunkt der Anstiftung bringen, so straft er mithin, gegen die allgemeinen Grundsätze von derselben einen Fall doloser Anstiftung zu einem fahrlässigen Vergehen und zu einer absolut straflosen Handlung, nämlich der gutgläubigen oder nicht zuzurechnenden Ableistung eines objectiv falschen Eides; ja er stellt sogar eine Anstiftung unter Strafe, bei welcher der Anstifter nicht nur keinen strafbaren Erfolg erzielt, sondern gar nicht die Absicht hatte, ein Verbrechen oder Vergehen des Anderen herbeizuführen.

Gewiß hätte man erwarten können, daß eine Strafandrohung, welche sowenig aus allgemeinen Grundsätzen abgeleitet werden kann, in den Motiven gerechtfertigt worden wäre, und um so mehr muß es auffallen, daß sowohl die Fassung der Bestimmung selbst („derjenige — wird dadurch nicht straflos"), als auch die Motive von der Voraussetzung auszugehen scheinen, die Strafandrohung folge aus den allgemeinen Grundsätzen über Theilnahme; denn auch die Motive geben nur die Möglichkeit eines Zweifels hieran zu und begnügen sich, zu constatiren, daß ein Grund der Straflosigkeit für diesen Fall nicht vorliege.

Diese Unrichtigkeit der Fassung und der Motivirung hat vermuthlich die Veranlassung gegeben zu der Kürze der Abweisung in dem Kommissionsprotokolle, welches sich begnügt, das wirklich Neue des Vorschlages als „bedenklich" zu bezeichnen.

*) In dieser Unbeschränktheit hat auch später die Kommission der II. Kammer den Vorschlag verstanden. Ebenso Oppenhoff l. c. § 130 not. 1.

Obschon damals zurückgewiesen, so fand sich der Vorschlag der rheinischen Juristen dennoch in den im Jahre 1851 den Kammern vorgelegten Entwurf des Strafgesetzbuchs (§. 118) wörtlich aufgenommen, ohne daß jedoch die Motive der Neuerung Erwähnung thun.

Die Kommission der II. Kammer verwarf den Vorschlag ebenfalls. Sie ging von der Erwägung aus, daß es für den Fall, daß die absichtliche Verleitung zum wissentlichen Meineide, zur wissentlichen Ableistung eines falschen Eides geführt habe, einer besonderen Strafbestimmung nicht bedürfe, hier vielmehr die Grundsätze von der Theilnahme ausreichen; sie erklärte aber die Verleitung zum Meineide, auch wenn sie ihren Zweck nicht erreicht oder wenigstens nicht erwiesen werden könne, daß sie ihn erreicht habe, für eine nicht bloß unmoralische, sondern auch so gefährliche und rechtswidrige Handlung, daß die Androhung einer hohen Strafe gerechtfertigt erscheine, obschon sie aus den allgemeinen Grundsätzen über Theilnahme nicht gefolgert werde könne. Sie erklärte aber ausdrücklich, daran festhalten zu müssen, daß bei dem Versuch der Verleitung, wie bei der Verleitung selbst, ein nothwendiges Requisit der Vorsatz des Verleiters sei, den Anderen zu bestimmen, wissentlich falsch zu schwören. Sie lehnte daher ausdrücklich eine Fassung, welche auch solche Kunstgriffe mitbetreffe, die angewendet werden, um einen Anderen, der voraussichtlich als Zeuge auftreten wird, in Irrthum über Thatsachen zu versetzen, damit dieser sie in gutem Glauben als wahr bezeuge, als eine zu gefährliche Verallgemeinerung des Thatbestandes ab, und hielt außerdem dafür, daß es materiell ungerecht sei, denjenigen, welcher gar nicht die Absicht habe, einen Anderen zum Meineidigen zu machen, als Verleiter zum Meineide zu bestrafen. Aus diesen Erwägungen setzte sie an Stelle des verworfenen §. 118 des Entwurfs den demnächst weder von der Regierung noch den beiden Kammern beanstandeten und daher in das Strafgesetzbuch unverändert aufgenommenen §. 130, wie er oben (S. 6) mitgetheilt ist *).

Sehen wir vorläufig von der Wortfassung dieses Paragraphen, welche, wie wir unten sehen werden, viel weiter als sein beabsichtigter Sinn geht, ab. Jedenfalls kann es nach seiner angegebenen Entstehungsgeschichte und der dieser entsprechenden constanten Praxis keinem Zweifel unterliegen, daß die Strafbestimmung auf denjenigen Verleitungsversuch zu beschränken ist, bei welchem der Verleiter nicht nur

*) Kommissionsbericht der II. Kammer S. 75 ff. (no. 140 der Drucksachen).

die Unrichtigkeit der zu beschwörenden Thatsache, sondern auch zugleich die Ueberzeugung des zu Verleitenden hiervon kannte, also den bewußten Vorsatz hatte, denselben zu einem wissentlich falschen Eide zu verleiten.

Das positive Recht ist daher gegenwärtig folgendes:

Ist ein wissentlicher Meineid von dem Verleiter gewollt und von dem Verleiteten in der That geleistet oder zu leisten strafbar versucht, so treffen den Verleiter nach den allgemeinen Grundsätzen von der Theilnahme die Strafen des Meineides.

Ist ein wissentlicher Meineid von dem Verleiter zwar nachweisbar gewollt, von dem Verleiteten aber entweder ein Eid überhaupt nicht oder nur ein fahrlässiger Meineid oder schuldlos ein falscher Eid geleistet, so trifft den Verleiter die Strafe des §. 130.

Derjenige aber, welcher einen Anderen wissentlich zur Ableistung eines falschen Eides verleitet oder zu verleiten versucht, wenn er die Absicht hatte, den Anderen durch Erregung eines Irrthums nur zu einem fahrlässigen Meineide oder durch sonstige Kunstgriffe zur gutgläubigen Beschwörung der Unwahrheit zu verleiten, oder wenn ihm wenigstens die Absicht, den Anderen zum wissentlichen Meineid zu verleiten, nicht nachgewiesen werden kann, ist straflos, sei es, daß der Andere wissentlich falsch, sei es, daß er fahrlässig falsch, sei es, daß er gutgläubig falsch, oder endlich, daß er gar nicht geschworen hat.

Der Entwurf des norddeutschen Strafgesetzbuchs hat die Bestimmung des §. 130 mit einer geringen unten zu besprechenden Fassungsänderung wörtlich im §. 139 wiederholt; die Motive verweisen ausdrücklich auf diesen §. 130 mit dem Zusatz, daß die Ausnahmenatur des Verbrechens die Ausnahmebestimmung rechtfertige. Es liegt daher die Vermuthung nahe, daß, obschon der Wortlaut des Gesetzes nicht dazu nöthigt, Theorie und Praxis diese Bestimmung der Entstehungsgeschichte des preußischen §. 130 gemäß auf die vorsätzliche Verleitung zum *wissentlichen* Meineide beschränken werden und müssen.

IV.

Aus der mitgetheilten *Geschichte* der preußischen Gesetzgebung geht hervor, daß man seit 1843 das Bewußtsein hatte, daß die *allgemeinen Grundsätze über Anstiftung* der Verleitung zum falschen Eide gegenüber nicht ausreichen, und daß man seit dieser Zeit daher bestrebt war, nach einem *besonderen* Mittel gegen dieselbe zu suchen. Und in der That, wenn man die Pest des falschen Eides — nicht ausrotten

— aber wenigstens bekämpfen will, muß man vor allem der Verleitung dazu entgegenwirken, denn in ihr liegt der wuchernde Ansteckungsstoff. Die ganz überwiegende Mehrzahl aller Eide sind die Zeugen- und Sachverständigeneide, namentlich gegen die ersteren bilden alle anderen Eide zusammengenommen eine verschwindende Minderzahl. Von den Zeugen aber hat nur eine kaum in Betracht kommende Zahl ein eigenes Interesse an ihrer Aussage; an fast allen Zeugenaussagen haben lediglich Dritte ein Interesse. Wenn es nun nicht unwahrscheinlich ist, daß der Anreiz zum falschen Eide da zu suchen ist, wo das Interesse daran liegt, dann kann man mit Recht annehmen, daß die bei Weitem größte Mehrzahl aller falschen Eide in Folge einer Verleitung geschworen wird *).

In der Geschichte der Gesetzgebung tritt das Bestreben, dieser Grundursache der falschen Eide durch eine besondere Strafbestimmung beizukommen, eben so klar hervor, als das Hinderniß, welches sich seiner Verwirklichung stets entgegenstellte, und welches darin liegt, daß man über den systematischen Gesichtspunkt der Anstiftung nicht hinwegkommen konnte. Die Erwägung, daß der Urheber eines falschen Eides sich stets eines Anderen zur Realisirung seines strafbaren Zwecks bedienen muß, und daß dieser Andere dabei ebenfalls, wenigstens sehr häufig, eine strafbare Handlung begeht, brachte die Anschauung hervor, daß jener Urheber nur vermittelst der Grundsätze von der Anstiftung angefaßt werden könne, und in dieser Anschauung lag die Fessel, von welcher die Gesetzgebung sich bisher nicht hat befreien können.

Um jenem Bedürfniß der energischen Verfolgung der Verleitung zum falschen Eide gerecht zu werden, versuchte man zuerst im Entwurf von 1843 das einfachste Mittel, die Erhöhung der Strafe über die auf den falschen Eid selbst gesetzte. Allein man mußte zugeben, daß dies allgemein nicht richtig sei, indem häufig der käufliche Zeuge noch strafbarer ist als sein Käufer. Nachdem dieser Anlauf gescheitert war, versuchten zuerst die rheinischen Juristen, allerdings auf dem Wege des Schmuggels, die beschränkende Grenze der Anstiftung zu überschreiten. Aber sie wurden von der Kommission des Staatsrathes ertappt, und mußten sich vorläufig bescheiden. Zum zweiten Male betrat der Entwurf von 1850 den früher von den Rheinischen eingeschlagenen Weg; man versuchte diesmal durchzukommen, ohne irgend etwas in den Mo-

*) Die Criminalstatistik beweist nichts dagegen, weil eben nur ein geringer Theil der Verleitungen jetzt strafbar ist.

tiven zu sagen. Allein die juristisch geschulte Kommission der zweiten Kammer stand auch diesmal auf der systematischen Warte. Eine Anstiftung, ohne daß der Anstifter auch nur die Absicht gehabt hätte, einen Anderen zum Verbrechen zu verleiten, das war zu stark gegen das System; — „er will den Anderen ja gar nicht zum Meineidigen machen." Dagegen eine Anstiftung mit dieser Absicht, wenn auch ohne den gewollten Erfolg, das war — zwar auch ein Bruch des Systems, aber in einem falschen, wenn auch nicht wissentlich falschen Eide, war doch so eine Art von Erfolg vorhanden, und schlimmsten Falls konnte man in einer Art Analogie mit dem Versuche die Beruhigung des juristischen Gewissens finden.

So ist denn, weil man einen anderen systematischen Gesichtspunkt als den der Anstiftung nicht zu gewinnen wußte, das materielle Bedürfniß den Verleiter zum falschen Eide in ausgedehnterem Maße zu bestrafen, verhalten worden.

Der §. 130 des Strafgesetzbuches bezeichnet diese gegenwärtige unvollkommene Stufe der Entwickelung; er befriedigt das materielle Bedürfniß nur halb und doch ist er schon ein Auswuchs im System. Er ist ein unausgetragenes Kind, — aber kein „legislatorischer Wechselbalg *)".

Die Erfüllung jenes legislatorischen Gedankens aber liegt — wenn ich mich nicht täusche — in dem Satze: Die Verleitung zum falschen Eide ist nicht unter den systematischen Gesichtspunkt der Anstiftung zu stellen, sondern legislatorisch als ein selbstständiges Verbrechen anzuerkennen, dessen Thatbestand erfüllt ist, wenn der Thäter vorsätzlich einen falschen, d. h. auch nur objectiv falschen Eid herbeiführen wollte und einen solchen in der That herbeigeführt hat.

Diesen Gedanken auszuführen will ich im Folgenden versuchen.

Der Grund der Strafbarkeit der Verleitung zum falschen Eide oder zur falschen Versicherung an Eides statt liegt darin, daß sie in jedem Falle ein Attentat auf die öffentliche Rechtssicherheit enthält. Der Eid ist, wie bereits im Eingang angedeutet ist, sowohl im Straf- als auch im bürgerlichen Rechtsverfahren bei weitem die wichtigste, sehr häufig die einzige Erkenntnißquelle des Richters, das bei weitem wich-

*) So bezeichnet ihn John, das Strafrecht in Norddeutschland. Eine Beurtheilung des Entwurfs rc. 1870. S. 74 ff. Leider ist mir dieses Buch erst während der Correctur des Drucks dieser Zeilen bekannt geworden, und ich muß es mir daher vorbehalten, den §. 130 des Strafgesetzbuchs gegen mehrere schwere aber ungerechte Vorwürfe, welche John ihm daselbst macht, in Schutz nehmen.

tigste Beweismittel. Er bildet nicht nur den einzigen Grund des ganzen Zeugenbeweises, welcher deutscher Anschauung gemäß auch im Civilproceß stets eine hervorragende Stelle bei uns spielen wird, des Sachverständigenbeweises, sondern auch den letzten Angelpunkt des Beweises durch Privaturkunden und durch öffentliche Urkunden, soweit gegen letztere ein Gegenbeweis überhaupt zulässig ist. Im Eide endlich wird die Partei, sofern er ihr zugeschoben oder vom Richter auferlegt ist, zu ihrem eignen und des Gegners Richter erhoben. Es kommt unter hundert Processen, in welchen Thatsachen streitig sind, erfahrungsmäßig kaum einer vor, in welchem die richterliche Entscheidung nicht ganz oder zum Theil auf geschwornen Eiden beruhte. Die Heilighaltung des Eides ist daher die nothwendige Voraussetzung einer gerechten Criminal- und Civilrechtspflege, und das Gesetz hat unnachsichtlich jeden zu strafen, welcher vorsätzlich an dieser Stütze der öffentlichen Rechtsordnung zu rütteln wagt.

Von diesem Gesichtspunkt aus aber ist es vollkommen gleichgültig, ob derjenige, welcher, wissentlich zu einem falschen Eide verleitet, außer der Ueberzeugung von der Unwahrheit der zu beschörenden Thatsache auch noch die Ueberzeugung hat, daß der zu Verleitende ebenfalls die Unwahrheit der Thatsache kennt; es ist gleichgültig, ob er den Andren zu einem wissentlich falschen, einem fahrlässig falschen oder einem gutgläubig falschen Eide verleiten will. Er selbst will wissentlich einen falschen Eid herbeiführen und durch diesen Angriff auf die öffentliche Rechtssicherheit sein privates Interesse, mag dasselbe in einem Vermögensvortheil, Straflosigkeit oder worin sonst bestehen, auf Kosten der Sicherheit der Rechtspflege befriedigen. Hierin liegt die allen Verleitern zum falschen Eide gemeinsame strafbare Absicht. Wie dieser Dolus in gleicher Weise vorhanden, so ist er auch in gleichem Maße strafbar, mag der Verleiter in der Seele des Schwörenden einen wissentlich, fahrlässig oder gutgläubig falschen Eid beabsichtigen, mag er mit anderen Worten auf die Schlechtigkeit, die Leichtfertigkeit oder die Dummheit seines Werkzeuges speculiren. Ja man möchte behaupten, daß in den beiden letzten Fällen, wo die Schlechtigkeit des Versuchers nicht in ihrer abschreckenden Nacktheit an den zu Verleitenden herantritt, sondern sich in das Kleid der Ueberredung, List, Täuschung und anderer zur Herbeiführung eines Irrthums geeigneter Kunstgriffe hüllt, die gleich rechtswidrige Absicht durch ihre gleißnerische und gefährliche Maske eher strafbarer erscheine, als in dem ersten Falle.

Ebenso ist der Erfolg der Verleitung in allen drei Fällen völlig gleich. Denn mag der Schwörende wissentlich, fahrlässig oder schuldlos falsch geschworen haben, das Beschworene gilt in gleichem Grade für wahr, obschon es falsch ist; die Gerechtigkeit ist in gleicher Weise betrogen.

Der Thatbestand der wissentlichen Verleitung zum falschen Eide ist hiernach die vorsätzliche rechtswidrige Täuschung, der Betrug der Organe der öffentlichen Gerechtigkeit. Daß dieser Betrug nicht durch eine von dem Verbrecher selbst der Behörde unmittelbar gegenüber vorgenommenen Handlung, sondern mittelbar durch den von dem Thäter beabsichtigten und herbeigeführten, aber von einem Andren geleisteten falschen Eide verübt wird, mindert nicht die Strafbarkeit. Der Thatbestand ist die absichtliche Fälschung eines Beweismittels, ganz analog der Urkundenfälschung.

Wie der Urkundenfälscher die Urkunde fälscht, so fälscht der Verleiter zum falschen Eide den Zeugen und macht von ihm zum Zweck der Täuschung Gebrauch. Ebenso, wo es sich nicht um den Zeugeneid, sondern um den Parteien- oder einen sonst zu leistenden Eid handelt; denn immer ist der Eid Beweismittel, der Schwörende sein körperliches Substrat.

Nur in einem Punkt unterscheidet sich die Eidesfälschung von der Urkundenfälschung wesentlich: sie betrifft nicht nur ein weit wichtigeres Beweismittel, gewissermaßen den letzten Grund aller Beweismittel, sondern sie betrifft ein Beweismittel, welches in sich selbst bereits eine religiöse und eine gesetzliche Heiligkeit und Unverletzlichkeit birgt, dessen Fälschung daher auch nicht erst durch eine besondere noch außer ihr liegende eigennützige, rechtswidrige Absicht, sondern schon allein um ihrer selbst willen strafbar ist.

Der Thatbestand der Urkundenfälschung nemlich erfordert bekanntlich außer der Fälschung noch die besondere rechtswidrige Absicht, sich oder Anderen Gewinn zu verschaffen, oder Anderen Schaden zuzufügen, und es möchte aus der gezogenen Analogie zwischen ihr und der Eidesfälschung die Frage aufgeworfen werden, ob nicht auch zum strafbaren Thatbestand der letzteren diese gewinnsüchtige Absicht erfordert werden müsse. Ich glaube, die Frage ist entschieden zu verneinen. Die Fälschung einer Urkunde ist eine rein private Handlung, sie selbst, wie die Täuschung mit der gefälschten Urkunde kann zu allen möglichen nicht strafbaren Zwecken, aus Scherz, aus Frivolität, aus Renomisterei vorgenommen werden; strafbar wird die Täuschung erst durch die rechtswidrige Absicht des Täuschenden. Anders bei der Verleitung zum falschen Eid. Der Eid enthält in sich selbst das unbedingte Gebot der Wahrheit, er ist ein von der Religion und dem Gesetz geheiligtes Institut, dessen Verletzung, ganz abgesehen von dem dabei verfolgten Endzweck, ein Verbrechen gegen die öffentliche Rechtsordnung, und deshalb strafbar ist, ohne Rücksicht darauf, ob der Verbrecher noch einer besonderen gewinnsüchtigen Absicht dabei nachging. Uebrigens würde die Aufnahme des angedeuteten Moments in den Begriff des Thatbestandes der Verleitung zum falschen Eid von geringer praktischer Bedeutung sein, da — ganz anders wie bei der Verfälschung von Urkunden — kaum ein Fall vorkommen wird, wo der Verleitung zum falschen Eid nicht nachweisbar ein auf Gewinn oder Zufügung von Schaden gerichtetes Motiv zum Grunde läge. Aus Scherz oder dergleichen spielt niemand mit dem Eide.

Das Strafmaaß für dieses Verbrechen der Verleitung zum falschen Eide würde dem im §. 139 des Entwurfs für einzelne Fälle desselben angedrohten gleich zu bemessen, also auf Zuchthaus bis zu fünf Jahren zu bestimmen sein. Denn, wie oben ausgeführt, ist der gegen die öffentliche Rechtsordnung gerichtete verbrecherische Wille des Verleiters und der rechtswidrige Erfolg in allen Fällen gleichmäßig vorhanden und auch für den gelindesten Fall ein Jahr Zuchthaus nicht zu viel. In wie fern im einzelnen Falle der Verleiter dadurch, daß er einen nicht nur objectiv falschen, sondern einen auch wissentlich falschen Eid herbeiführen wollte, strafbarer erscheint, wird der erkennende Richter durch Anwendung einer bis zu fünf Jahren steigenden Zuchthausstrafe zu würdigen haben.

Ganz dieselben Gründe, welche die vorsätzliche Verleitung zum falschen Eide, abgesehen von dem besonderen Vorsatz, einen wissentlich falschen Eid herbeizuführen, als Verbrechen erscheinen lassen, machen die vorsätzliche Verleitung zur Abgabe einer falschen Versicherung an Eidesstatt zum Vergehen. Auch hier hat die Androhung der im Entwurf für einzelne Fälle gesetzten Strafe von Gefängniß bis zu einem Jahre für alle Fälle um so weniger Bedenken, als der Richter in den leichteren Fällen bis zu einer eintägigen Gefängnißstrafe herabgehen kann. —

Es leuchtet ein, daß, obschon hiernach die vorsätzliche Verleitung zum falschen Eide und zur falschen Versicherung an Eidesstatt selbstständige Delicte sind, doch in dem Falle, daß ein wissentlich falscher Eid oder eine wissentlich falsche Versicherung an Eidesstatt von dem Verleiter gewollt und von dem Verleiteten in der That geleistet oder zu leisten strafbar versucht ist, auch künftig die schwereren Strafen der Theilnahme am wissentlichen Meineide oder an der wissentlich falschen Versicherung an Eidesstatt (§§. 134—138 des Entwurfs) eintreten werden. Es wird in diesem Falle eine ideale Concurrenz vorliegen zwischen Theilnahme am wissentlichen Meineid resp. wissentlich falscher Versicherung an Eidesstatt und den selbstständigen Delicten des §. 139, welche lediglich nach allgemeinen Grundsätzen zu beurtheilen ist. Theoretisch wie practisch kann die Möglichkeit einer solchen idealen Concurrenz kein Bedenken erregen, da sie hier nicht anders geartet ist, als in allen anderen Fällen ihrer Erscheinung.

Was nun den Versuch der Verleitung anbetrifft, so ergiebt sich, falls die letztere den Thatbestand selbstständiger Delicte bildet, dessen Beurtheilung bei der Verleitung zum falschen Eide, als einem Verbrechen nach allgemeinen Grundsätzen (§. 38 des Entwurfs) von selbst. Ein Grund, die Strafbarkeit des Versuchs grade bei diesem Verbrechen allein auszuschließen, liegt nicht vor; ebensowenig ist aber ein Grund vorhanden, seine Strafbarkeit allein bei diesem Verbrechen ausdrücklich hervorzuheben. Für das Letztere könnte ein Motiv höchstens in der Besorgniß gefunden werden, daß die Praxis immer noch geneigt sein könnte, dies Verbrechen nicht als ein delictum sui generis, sondern die Strafbestimmung lediglich als eine Ausnahme von den allgemeinen Grundsätzen über Anstiftung anzusehen, und daher eben nach diesen allgemeinen Grundsätzen den Versuch ohne ausdrücklich darauf gerichtete Vorschrift nicht zu bestrafen. Ein derartiges Bedenken würde durch die Motive hinreichend zu beseitigen sein. Sollte man jedoch die Wirksamkeit dieses Mittels für zweifelhaft halten, so würde auch einem ausdrücklichen den Versuch betreffenden Zusatze im Text ein wesentliches Bedenken nicht entgegenstehen.

Endlich ist über das den Versuch der Verleitung treffende Strafmaß noch folgendes zu bemerken. Der §. 130 des preußischen Strafgesetzbuchs, wie der §. 139 des Entwurfs bedrohen den Verleiter zum falschen Eide, so weit sie ihn, abgesehen von dem Fall der wirklichen Theilnahme überhaupt bestrafen, nemlich wenn ihm der auf wissentlichen Meineid des Andren gerichtete Vorsatz nachgewiesen werden kann, mit ganz derselben Strafe, gleichviel ob in Folge der Verleitung ein falscher Eid wirklich geleistet worden ist, oder ob der Verleitungsversuch ohne jedes Resultat geblieben ist. Es liegt hierin eine Unbilligkeit, denn offenbar ist der Verleiter dann strafbarer, wenn in Folge seiner Verleitung ein fahrlässiger oder schuldlos falscher Eid in der

That geschworen ist, er seinen rechtswidrigen Zweck also erreicht hat, als wenn sein einseitiger Verleitungsversuch bereits an dem Widerstand des zu Verleitenden gescheitert ist. Vom Standpunkt des preußischen Strafgesetzbuchs ließ sich gegen die gleiche Bestrafung des erfolgreichen und gänzlich erfolglosen Versuchs nichts einwenden, weil es grundsätzlich den Versuch dem vollendeten Verbrechen gleich behandelte. Vom Standpunkt des Entwurfs aus aber liegt in der Unbilligkeit zugleich eine Inconsequenz; denn der Entwurf straft grundsätzlich (§. 38) den bloßen Versuch bis zur Hälfte niedriger, als das vollendete Verbrechen, und es kann der §. 139 insofern als eine Anomalie von seinen allgemeinen Grundsätzen angesehen werden. Ist, wie oben ausgeführt, die vorsätzliche Verleitung zum objectiv falschen Eide ein eignes Verbrechen, so tritt auch hier nach dem allgemeinen Grundsatz vom Versuch von selbst eine niedrigere Strafe dann ein, wenn der Verleitungsversuch ohne jedes Resultat geblieben ist, und mit der Billigkeit ist auch hier die Symetrie in dem System wieder hergestellt.

Der Versuch der Verleitung zur falschen eidesstattlichen Versicherung würde, da diese selbst nur ein Vergehen ist, ohne eine dahingehende ausdrückliche Bestimmung nicht gestraft werden können (§. 39 des Entw.). Seine Bestrafung bei diesem Vergehen ist gewiß, wie bei der Bestechung und andren besonders unter Strafe gestellten Verleitungen (z. B. §. 313—315. 93, 123 des Entw.) gerechtfertigt und es ist daher eine besondere Bestimmung wegen des Versuches aufzunehmen oder vielmehr beizubehalten.

V.

Ist die vorstehende Ausführung zutreffend und die gegebene Begründung ausreichend, um die Verleitung zum falschen, d. h. auch nur objectiv falschen Eide als ein selbstständiges Verbrechen mit seinem eignen Thatbestand erscheinen zu lassen, und ergiebt sich damit auch der Versuch dieser Verleitung als eine nach den allgemeinen Grundsätzen über Versuch mit Nothwendigkeit strafbare Handlung, so erscheinen alle die Angriffe, welche man bisher gegen den §. 130 des preußischen Strafgesetzbuchs und den §. 139 des Entwurfs von dem Standpunkt der allgemeinen Grundsätze über Anstiftung und Versuch gerichtet hat, einer auf die eben ausgeführten Grundsätze basirten Strafbestimmung gegenüber vollkommen unbegründet und nichtig.

Die aus dem preußischen Strafgesetzbuch in den Entwurf übergegangene Bestimmung giebt sich selbst formell und materiell als eine Ausnahme von diesen allgemeinen Grundsätzen über Anstiftung und Versuch. Sie geht von dem Begriff des wissentlichen Meineides aus und hält diesen für so verderblich, daß sie selbst denjenigen, welcher ihn fruchtlos herbeizuführen sucht, unter Strafe stellt; sie nimmt eine Anstiftung an, indem sie den Erfolg Preis giebt, aber desto zäher an dem Dolus festhält. Dies ist sowohl der Standpunkt des oben mitgetheilten Kommissionsberichtes der zweiten Kammer als auch der Erkenntnisse des Königlichen Ober-Tribunals, welche sich mit dieser Frage beschäftigen*), und aus ihm wird zugleich die Ausnahme selbst als auch ihre Beschränkung auf denjenigen Verleitungsversuch, bei welchem der Vorsatz des Verleiters auf einen wissentlichen Meineid gerichtet war, hergeleitet. „Der wissentliche Meineid sei ein so innerlich verwerfliches Verbrechen, daß selbst der, welcher vergeblich dazu zu verleiten versucht, bestraft werden müsse, aber ebendeßhalb könne nur derjenige bestraft werden, welcher zum wissentlichen Meineid verleiten will; wer einen Andren durch Ueberredung List, Täuschung oder sonstige Kunstgriffe zur Ableistung eines falschen Eides bewegen wollte, habe ja gar nicht die Absicht, den Andren zum Meineidigen zu machen" oder, wie das Erkenntniß des Königlichen Ober-Tribunals vom 10. Dezember 1862**) sich ausdrückt:

> „Der §. 130 hat gerade das Verbrechen eines an der Wahrhaftigkeit und Eidestreue des zum Meineide zu Verleitenden gescheiterten Versuchs, als ein selbstständiges zum Gegenstande und derjenige, welcher bewogen wird, eine objectiv unwahre Thatsache eidlich zu bekräftigen, die er subjectiv für wahr hält, kann dadurch kein Meineidiger werden, an seiner Wahrhaftigkeit nichts einbüßen."

Gegen die Bestimmung des §. 130 ist daher von manchen Seiten***) geltend gemacht, daß sie als einzige Ausnahme von jenen allgemeinen Grundsätzen über Theilnahme und Versuch ungerechtfertigt sei, und kein Grund vorliege grade den Meineid vor andren doch gewiß ebenso innerlich verwerflichen und rechtswidrigen Verbrechen, wie Mord, Brand-

---

*) Erkenntnisse des Königl. Ober-Tribunals vom 15. October 1863 (Oppenhoff, Rechtsprechung Bd. 5 S. 113), vom 9. Dezember 1863 (das. Bd. 4, S. 248), vom 1. Dezember 1864 (das. B. 5 S. 326).

**) Goltdammer, Archiv Bd. 11 S. 110.

***) v. Kraewell, Goltdammer, Archiv Bd. 10 S. 660 ff. John, Entwurf eines Strafgesetzbuchs für den norddeutschen Bund S. 375 ff.

stiftung u. s. w., in dieser Beziehung allein herauszugreifen, bei ihm allein eine Anstiftung ohne Erfolg, einen Versuch der Theilnahme zu construiren. Es läßt sich nicht läugnen, daß diese Einwürfe der bisherigen beschränkten und sich selbst als Ausnahme gebenden Strafbestimmung gegenüber gerechtfertigt sind. Denn wenn das Strafbare der Verleitung zum falschen Eide und ihres Versuchs nur darin läge, daß ein Andrer zu einem verwerflichen und gefährlichen Verbrechen verleitet, seine Wahrhaftigkeit und Eidestreue in Versuchung geführt, er der Strafe ausgesetzt werden soll, so würde in der That kein Grund abzusehen sein, weshalb die Verleitung zu andren schweren und noch schwereren Verbrechen nicht ebenso behandelt und die versuchte Verleitung zum Morde, zur Brandstiftung nnd andren ebenso verabscheuungswürdigen Handlungen nicht ebenfalls unter Strafe gestellt werden sollen.

Bildet dagegen die Verleitung zum falschen Eide aus criminalpolitischen Gründen den Thatbestand eines selbstständigen Delictes, dann fallen alle diese Einwürfe fort. Denn ganz entschieden zu weit würde man gehen, wenn man aus jenen berechtigten Einwürfen gegen die Ausnahme von den allgemeinen Grundsätzen über Anstiftung, wie John*), folgern wollte, daß Verleitung zum falschen Eid, außer dem Fall der Theilnahme am Meineid, überhaupt nicht gestraft werden könne. Es ist nutzlos, verwirrend und logisch unrichtig den Thatbestand eines selbstständigen Verbrechens unter dem Focus der allgemeinen theoretischen Grundsätze über Theilnahme und Versuch zu zergliedern. Mit demselben Recht könnte man z. B. die Bestimmung des §. 206 des Strafgesetzbuchs (§. 209 des Entwurfs),

> Wer eine minderjährige unverehelichte Frauensperson mit ihrem Willen, jedoch ohne Einwilligung der Eltern oder des Vormundes, entführt, um sie zur Unzucht, oder Ehe zu bringen, wird — bestraft.

als eine Ausnahme von den Grundsätzen über Anstiftung für verwerflich erklären, denn weder das Fortlaufen von den Eltern, noch die Unzucht, noch die Ehe sind strafbar, und doch straft der §. 209 denjenigen, der zu diesen straflosen Handlungen unter den gegebenen Umständen verleitet, und mit Recht.

Aus demselben Grunde würde der hier befürworteten Strafbestimmung gegenüber der John'sche Einwurf unzutreffend sein, daß sie die einzige Ausnahme von der allgemeinen Straflosigkeit fruchtlos

---

*) l. c.

versuchter Anstiftung sei, denn materielle Ausnahmen von diesem Grundsatz, d. h. selbstständige Verbrechen, welche, unter diesen Grundsatz gebracht, als Ausnahmen von ihm erscheinen würden, kennen das Strafgesetzbuch und der Entwurf eine ganze Reihe. Dahin gehören insbesondere: die öffentliche Aufforderung zu einem Verbrechen oder Vergehen (§. 36, Str. G. B. §. 42 Entw.), unter denen wieder die öffentliche Aufforderung zum Hochverrath als besonderes Verbrechen erscheint (§. 65 Str. G. B. §. 72 Entw.); die öffentliche Aufforderung zum Ungehorsam gegen die Gesetze oder die Anordnungen der Obrigkeit (§. 87 Str. G. B. §. 92 Entw.); die Aufforderung einer Person des Soldaten- oder Beurlaubtenstandes, dem Befehle des Oberen oder der Einberufungsordre nicht zu folgen (§. 88 Str. G. B. §. 93 Entw.); der Versuch der Verleitung zur Desertion (§. 111 St. G. B. §. 123 Entw.); die Herausforderung zum Zweikampf (§. 164 Str. G. B. §. 174 Entw.). Alle diese Vergehen haben zum Thatbestand eine, wenn auch erfolglos versuchte Verleitung. Endlich gehören hierher alle Fälle der vergeblich versuchten Bestechung (§. 311. 312. 313 Str. G. B. §. 313—315 Entw.), denn nur der Beamte, welcher sich bestechen läßt, macht sich einer Pflichtverletzung schuldig, der Andere, welcher besticht, ist nur der Versucher.

Der gemeinsame Grund der Strafbarkeit aller dieser Vergehen ist die bereits in dem Versuch der Verleitung liegende Gefährdung der Existenz des Staates selbst, oder seiner wichtigsten Garantieen und damit der öffentlichen Sicherheit, insbesondere des Gehorsams gegen die Obrigkeit, der Zucht in der Armee, der Zucht unter den Beamten; dem reiht sich auch von diesem Gesichtspunkt an der Versuch der Verleitung zum falschen Eid, als die hauptsächlichste Gefährdung der öffentlichen Rechtssicherheit.

Noch ein Bedenken ist zu erwähnen, welches John, — wenigstens mit demselben Rechte wie dem §. 130 des Strafgesetzbuchs —, dem hier gemachten Vorschlag entgegensetzen könnte. Er behauptet, es sei „geradezu legislatorisch unmöglich“, die erfolglose Anstiftung zum Meineide für strafbar zu erklären, selbst wenn man sie bei jedem andren Verbrechen bestrafen wolle, und folgert dies aus der anerkannten besonderen Schwierigkeit eines sicheren Beweises gerade in Meineidsprocessen. Es ist in der That nicht abzusehen, wie die Schwierigkeit des Beweises eines Verbrechens dessen Straflosigkeit bedingen soll. Vorsicht in Beurtheilung der Thatfrage wird der Richter gewiß aus dieser Schwierigkeit zu lernen haben, aber das Verbrechen selbst wird dadurch, daß es sich seiner Natur nach so leicht dem Gesetz gegenüber maskiren kann, nur desto strafbarer.

Nicht nur in der Theorie hat der §. 130 des Strafgesetzbuchs in seiner bisherigen Beschränkung gegründete Anfechtungen erlitten, sondern auch in der Praxis die allererheblichsten Zweifel über den Inhalt seines Thatbestandes erregt, welche sämmtlich ebenfalls darin ihren Angelpunkt haben, daß er als Ausnahme von den allgemeinen und logisch nothwendigen Grundsätzen über Anstiftung und Versuch erscheint.

Es ist nämlich die berechtigte Frage aufgeworfen, in wie weit, nachdem der §. 130 das eine Kriterium der Anstiftung, den Erfolg, aufgegeben, in allen übrigen Beziehungen die Rechtsbegriffe der Anstiftung und des Versuches auf die neu geschaffene Abnormität einer erfolglos versuchten Anstiftung angewendet werden können.

Der §. 34 No. 1 Str. G. B. (§. 40 No. 1 Entw.) giebt den Begriff der Anstiftung dahin:

Als Theilnehmer eines Verbrechens oder Vergehens wird bestraft:

1. Wer den Thäter durch Geschenke oder Versprechen, durch Drohungen, Mißbrauch des Ansehens oder der Gewalt, durch absichtliche Herbeiführung oder Beförderung eines Irrthums, oder durch andere Mittel zur Begehung des Verbrechens oder Vergehens anreizt, verleitet oder bestimmt hat.

und der §. 31 des Strafgesetzbuchs (vgl. den correcter gefaßten §. 37. Entw.) definirt den Versuch:

Der Versuch ist nur dann strafbar, wenn derselbe durch Handlungen, welche einen Anfang der Ausführung enthalten, an den Tag gelegt und nur durch äußere, von dem Willen des Thäters unabhängige Umstände gehindert worden oder ohne Erfolg geblieben sind.

Inwiefern muß nun, um den §. 130 anwenden zu können, nachgewiesen sein

1. daß die Verleitung durch eines der im §. 34 No. 1 angegebenen Mittel habe stattfinden sollen, und
2. daß die zur Verleitung unternommenen Handlungen einen Anfang der Ausführung enthalten haben und daß der Erfolg nur durch äußere, vom Willen des Thäters unabhängige Umstände gehindert worden ist?

Von der einen Seite wird behauptet, daß auch auf den §. 130 die sämmtlichen Kriterien dieser beiden Rechtsbegriffe angewendet werden müssen, daß also auch hier nicht nur das zur Verleitung in Anwendung gebrachte Mittel, sondern auch festgestellt werden müsse, daß ein durch äußere Umstände verhinderter Anfang der Ausführung vorliege *).

Von der anderen Seite dagegen wird ausgeführt, daß auf den Thatbestand des §. 130 jene beiden Rechtsbegriffe völlig unanwendbar seien, und es daher weder der Feststellung des Verleitungsmittels noch der Feststellung eines Versuchs im technischen Sinne bedürfe. Das Erkenntniß des Königl. Ober-Tribunals vom 5. März 1857 **) drückt sich darüber folgendermaßen aus: „daß abweichend von dem allgemeinen Grundsatze des §. 34 No. 1 des Strafgesetzbuchs, wonach das, was der Eine thut, um den Anderen zu einem Verbrechen oder Vergehen zu verleiten, erst dann strafbar wird, wenn der Andere, dadurch verleitet, das Verbrechen oder Vergehen wirklich begeht, wenigstens einen nach § 31 strafbaren Versuch begeht — der § 130, mit Rücksicht auf die besondere Natur, große Verabscheuungswürdigkeit und Gefährlichkeit des Verbrechens des Meineides, schon jeden Versuch, einen Anderen zur Leistung eines Meineides zu verleiten, zu einem selbstständigen Verbrechen erhoben hat; daß dieser ein selbstständiges Verbrechen aufstellende Paragraph daher mit den Worten: „wer zu verleiten — versucht", weder an den im §. 31 aufgestellten Rechtsbegriff eines strafbaren Versuchs eines nicht vollendeten Verbrechens oder Vergehens, noch an den im §. 34 No. 1 aufgestellten Rechtsbegriff einer strafbaren Theilnahme — sich anlehnt, so daß zur Anwendbarkeit des §. 130 weder die im §. 31 aufgestellten Erfordernisse eines strafbaren Versuches eines nicht vollendeten Verbrechens oder Vergehens, noch die Mittel der Verleitung, wie der §. 34 No. 1 bei der Theilnahme, nicht aber §. 130 erfordert, festgestellt zu werden brauchen." ***).

Wenn der Sinn dieser Ausführung nur dahin ginge, daß es processualisch nicht nothwendig sei, im §. 130 ausdrücklich das Mittel der Verleitung und die Kriterien des Versuches festzustellen, wie dies bei Anwendung der §§. 34 No. 1 und §. 31 selbstverständlich geschehen muß, und daher durch Unterlassung dieser ausdrücklichen Feststellung eine formelle Nichtigkeit nicht begangen werde, so

---

*) Goltdammer, Archiv Bd. 5 S. 419. Oppenhoff, Rechtsprechung Bd. 5 S. 292.

**) Goltdammer, Archiv Bd. 5 S. 538.

***) In gleichem Sinne; Erk. d. Ob.-Trib. vom 26. Juni 1863 (Oppenhoff, Rechtsprechung, Bd. 3 S. 529) und die bei Oppenhoff, Strafgesetzbuch zu §. 130 Not. 11 u. 12 angeführten Erkenntnisse.

ließe sich gegen dieselbe nichts einwenden. Allein der Sinn dieser Ausführungen geht viel weiter, nämlich dahin, daß materiell der Thatbestand des §. 130 vorliege, obschon es unmöglich sei, ein Mittel der Verleitung und die Kriterien des Versuches festzustellen. Denn es wird aus jenen Ausführungen in demselben Erkenntniß gefolgert, daß, wenn bei erwiesenem wissentlichen Meineide gegen den als Verleiter Angeklagten das Mittel der Verleitung nicht festgestellt und daher der §. 34 No. 1 nicht zur Anwendung gebracht werden könne, es nichtsdestoweniger noch statthaft sei, ihn aus §. 130 zu bestrafen.

Offenbar um diese Zweifel zu beseitigen, hat der §. 139 des Entwurfs das Wort „versucht" in „sucht" verändert. Es ist hierdurch die Frage, ob künftig die Rechtsbegriffe der Anstiftung und des Versuches auf den Thatbestand des §. 139 anzuwenden seien, nicht nur in formeller, sondern auch in materieller Beziehung definitiv verneint.

Die hierin liegende Ausschließung des Rechtsbegriffes der Anstiftung ist unbedenklich, denn es ist damit nur gesagt, daß es nicht erforderlich sei, gerade eines der im §. 34 No. 1 angegebenen Verleitungsmittel festzustellen, keineswegs aber die oben mitgetheilte Ansicht legalisirt, wonach es eine Verleitung im Sinne des §. 130 geben soll, deren Mittel überhaupt nicht festgestellt werden könne. Eine Verleitung oder ein Versuch der Verleitung zum Meineid ohne irgend ein Mittel der Verleitung ist in sich selbst undenkbar und nicht glaublich, daß ein Richter die Verleitung oder deren Versuch feststellen könnte, ohne sich über das dabei zur Anwendung gebrachte Mittel klar zu sein; ein Verleitungsversuch, dessen wie nicht festgestellt werden kann, ist selbst nicht feststellbar. Wenn es daher im vorliegenden Falle auch processualisch nicht nothwendig ist, eines der im §. 34 No. 1 genannten oder ein anderes Verleitungsmittel ausdrücklich festzustellen, so wird doch auch in Zukunft Niemand dem §. 139 den Sinn unterlegen können, er wolle eine Verleitung für den Fall unter Strafe stellen, daß ein Mittel der Verleitung überhaupt nicht erwiesen werden könne.

Bedenklicher dagegen erscheint mir die Ausschließung des Rechtsbegriffes des Versuches, soweit sie eine nicht nur formelle, sondern zugleich materielle ist. Wäre das Wort „versucht" stehen geblieben, so würde auch nach wie vor es formell nicht erforderlich gewesen sein, die Kriterien des Versuches ausdrücklich festzustellen, denn die für das Gegentheil geäußerte Ansicht beruht auf einem Mißverständniß. Materiell aber würde der §. 139 einen Anhalt an dem festen und klaren

Begriff des Versuches behalten haben, während jetzt sein Thatbestand in sehr bedenklicher Weise verallgemeinert, ja verflüchtigt ist. Schon in der bisherigen Praxis sind Fälle, wie die folgenden, verschieden und im entgegengesetzten Sinne entschieden worden: Jemand sucht in einem Briefe einen Anderen zum falschen Zeugniß zu bestimmen, dieser Brief aber wird niemals bestellt und kommt daher nie zur Kenntniß des zur Verleitung in Aussicht genommenen; oder: Jemand beredet einen Anderen zum falschen Zeugniß, zieht aber, von Reue ergriffen, seinen Antrag auf Vernehmung des Zeugen, bevor derselbe geladen oder vernommen ist, zurück*). Die Ausführung, weshalb meines Erachtens auf diese und ähnliche Fälle der §. 130 keine Anwendung finden kann, gehört nicht hierher, das aber steht unzweifelhaft fest, daß den einzigen festen Gesichtspunkt zur Beurtheilung solcher und ähnlicher Fälle der Begriff des Versuches abgeben kann. Nach der veränderten Fassung des §. 139 des Entwurfs wird jede einseitige Vorbereitungshandlung, selbst wenn sie zu dem Willen des Anderen noch in gar keine Beziehung getreten oder von dem Urheber freiwillig rückgängig gemacht ist, seiner Strafbestimmung unterworfen werden können; und vor allen Dingen wird es an jedem auch nur einigermaßen ausreichenden Anhalt für eine gleichmäßige Entscheidung der einzelnen Fälle fehlen, da der Thatbestand selbst rechtlich in keiner Weise zu definiren ist. In dem Strafverfahren ist aber ebensowenig eine Garantie für die Gleichartigkeit der Entscheidung der einzelnen Fälle zu finden, denn es giebt bekanntlich bei uns kein Mittel, die Thatfrage der gleichartigen Beurtheilung des höchsten Gerichtshofes zu unterbreiten, da weder dem Angeklagten ein Rechtsmittel gegen den Anklagebeschluß, noch überhaupt ein solches gegen die thatsächliche Feststellung der Geschwornen gegeben ist. Den letzteren kann nur die Frage vorgelegt werden: „hat A den B zu verleiten — gesucht?“, und ihrem sehr verschiedenartigen Ermessen wird es überlassen sein, was sie darunter verstehen wollen. Auch der Vorsitzende kann sie nicht darüber belehren, denn was ist: „suchen“?

Ein definirbarer Rechtsbegriff ist hier durchaus nöthig und — von dem Standpunkt des Entwurfes aus — würde ich es daher für sehr wünschenswerth halten, daß das „versucht“ wieder hergestellt wird.

Alle diese dem §. 130 des Strafgesetzbuchs und dem §. 139 des Entwurfs nicht mit Unrecht gemachten Einwürfe und alle durch ihre

---

*) Goltdammer, Archiv Bd. 5 S. 419. Bd. 8 S. 328.

Ausnahmenatur in der Praxis hervorgerufenen sehr erheblichen Zweifel und Bedenken, sind — das braucht nicht weiter ausgeführt zu werden — durch die hier aufgestellte Ansicht, daß die Verleitung zum falschen Eide ein eignes Verbrechen mit selbstständigem Thatbestand, und mithin auch der Versuch dieses Verbrechens strafbar sei, völlig abgeschnitten und erledigt.

Nur auf ein praktisches Moment mag hier noch aufmerksam gemacht werden. Bekanntlich ist der Beweis in Meineidsprocessen besonders schwierig, und das hat seinen einfachen Grund darin, daß das Bewußtsein eines Menschen an sich nicht äußerlich wahrnehmbar und deshalb eben schwer zu beweisen ist. Die Unwahrheit der beschwornen Thatsache nachzuweisen, ist leicht; aber es ist schwierig, dem Meineidigen das Bewußtsein von dieser Unwahrheit zu beweisen, und deshalb werden viele Meineidige entweder gar nicht angeklagt oder freigesprochen, oder — es ist nur ein Nothbehelf — sie kommen mit der Strafe für fahrlässigen Meineid davon. Ebenso schwierig ist es, dem Verleiter das Bewußtsein von der Unwahrheit der Thatsache nachzuweisen; ihm aber — wie das der §. 130 des Strafgesetzbuchs und §. 139 des Entwurfs erfordern — das Bewußtsein von dem Bewußtsein des Anderen von der Unwahrheit der Thatsache nachzuweisen, ist sehr schwierig, und die Folge davon ist, daß, wenn schon viele Meineidige freigesprochen werden, noch mehr Verleiter zum Meineid der Strafe entgehen. Die Schwierigkeit dieses Beweises wird dadurch noch erhöht, daß bei dem Zustandekommen der Verleitung die Betheiligten nicht nur Anderen, sondern auch sich selbst gegenseitig keineswegs einen klaren Einblick in ihr beiderseitiges Bewußtsein zu gestatten pflegen. Gewiß giebt es falsche Zeugen, welche einfach als solche gekauft und bezahlt werden. Weit häufiger aber sind — besonders in den feineren Fällen, wo es sich um anscheinend geringe Abweichungen von der Wahrheit handelt — die verschämten Meineidigen und Verleiter zum falschen Eid. Es wird äußerlich supponirt, die Thatsache, um welche es sich handelt, sei wirklich so geschehen, wie sie beschworen werden soll, und beide, der Verleiter und der falsche Zeuge, respectiren selbst unter sich das Maskenrecht. Natürlich ist es dann um so schwerer, später dem Verleiter nachzuweisen, daß er gewußt, der Andere habe um die Unwahrheit der Thatsache gewußt. Jeder Praktiker weiß — und die Criminalstatistik lehrt es, — daß bei gleichzeitiger Anklage gegen den Meineidigen und den Verleiter, der letztere weit leichteres Spiel hat, als der erstere, und das kommt zum großen Theil daher, daß dem Verleiter

— wenn ich mich so ausdrücken darf — das strafbare Bewußtsein in der zweiten Potenz nachgewiesen werden muß. Es ist daher ein sehr häufiger Fall, daß der Verleitete wegen Meineides oder fahrlässigen Eides bestraft wird, der Verleiter aber frei ausgeht.

Besonders hart und das Rechtsgefühl verletzend ist diese Erscheinung aber da, wo der Verleitete wegen fahrlässigen Meineides verurtheilt, der Verleiter aber freigesprochen wird, obschon demselben auf das allerumstößlichste nachgewiesen ist — ja er könnte es ohne Gefahr eingestehen und sich damit rühmen, — daß er in der eigennützigsten Absicht, in voller Ueberzeugung von der Unwahrheit der Thatsache und mit dem wohlüberlegten Vorsatz, daß der Andere diese unwahre Thatsache fälschlich mit einem Eide bekräftigen solle, denselben durch List, Ueberredung, Lüge, Täuschung in einen Irrthum über diese Thatsache versetzt und dadurch verleitet hat, einen falschen Eid zu leisten. Das preußische Strafgesetzbuch und der Entwurf erklären diese Handlungsweise für straflos, weil der Verleiter den Anderen ja nicht zu einem wissentlichen Meineid verleiten, ihn ja nicht zum Meineidigen machen wollte.

Der in diesen Zeilen vertretene Gesichtspunkt und gemachte Gesetzesvorschlag bringt auch hier das natürliche Rechtsgefühl zur Geltung und belegt denjenigen, welcher den falschen Eid durch Täuschung vorsätzlich herbeiführte, mit einer härteren Strafe, als denjenigen, welcher ihn getäuscht nur unachtsam leistete.

VI.

Was nun die Fassung des Gesetzes betrifft, so würde die folgende dem hier ausgeführten Standpunkt vollkommen entsprechen *).

§. 139. Derjenige, welcher einen Anderen wissentlich zur Ableistung eines falschen Eides in dessen eigenen Angelegenheiten, zur eidlichen Bekräftigung einer Unwahrheit oder zur Angabe der Unwahrheit nach abgeleistetem Zeugeneide verleitet, soll mit Zuchthaus bis zu fünf Jahren bestraft werden.

Derjenige, welcher einen Anderen wissentlich zur Abgabe einer falschen Versicherung an Eidesstatt verleitet, wird mit Gefängniß bis zu einem Jahre bestraft, auch kann gegen denselben

*) Die Abweichungen vom Entwurf sind gesperrt gedruckt.

zugleich auf Untersagung der Ausübung der bürgerlichen Ehrenrechte erkannt werden.

Der Versuch wird bestraft.

Diese Fassung stimmt mit dem jetzigen §. 139 des Entwurfs bis auf die gesperrten Worte wörtlich überein, und hat dennoch einen völlig verschiedenen Inhalt.

Es liegt das einfach darin, daß die Worte „falscher Eid" und „Unwahrheit" in ihr logisches und sprachliches Recht wieder eingesetzt sind. Ein „falscher Eid" eine „Unwahrheit" ist begrifflich und nach dem anerkannten Sprachgebrauch jeder falsche Eid, auch der nur objectiv falsche, jede Unwahrheit, auch die nur objective. In der angegebenen, mit dem Entwurf zwar den Worten, aber nicht dem Sinne nach übereinstimmenden Fassung liegt auch nicht die mindeste Andeutung, daß die Verleitung auf einen wissentlich falschen Eid auf die wissentliche Angabe der Unwahrheit gerichtet sein müsse. Dieser Sprachgebrauch, daß die Unwahrheit als solche zunächst nur die objective Unwahrheit ist, ist auch vor dem §. 130 des preußischen Strafgesetzbuchs meines Wissens nie angezweifelt worden, und dieses selbst, wie der Entwurf, erkennen ihn im Uebrigen an, da sie an jeder anderen Stelle, wenn sie das Moment der Subjectivität in den Begriff mit aufnehmen wollen, vorsorglich hinzufügen „wissentlich" falsch (§§. 134, 135, 136, 138 des Entw.), oder „wer aus Fahrlässigkeit etwas Unwahres eidlich versichert, oder eine unwahre — Versicherung abgiebt" (§. 141 des Entw.). Auch das Königl. Ober-Tribunal hat wiederholt dasselbe ausgeführt und daher — da es nach der Entstehungsgeschichte des §. 130 keinem Zweifel unterliegt, daß derselbe gegen den Sprachgebrauch an dieser Stelle unter „falschem Eid" und „Unwahrheit" allein den wissentlich falschen Eid, die wissentliche Unwahrheit verstanden wissen wollte — wiederholt solche Erkenntnisse, welche im wörtlichen Anschluß an das Gesetz feststellten, daß A den B „wissentlich zur Ableistung eines falschen Eides zu verleiten versucht habe", vernichtet, weil aus dieser Fassung nicht hervorgehe, daß der Verleitungsversuch auf einen wissentlich falschen Eid gerichtet gewesen sei. Insbesondere sagt z. B. das Erkenntniß des Königl. Ober-Tribunals vom 15. October 1863 *):

„Wenn nun die eventuell auf Grund des §. 130 gegen den Angeklagten F gestellte Frage blos dahin ging: ob der Angeklagte

*) Goltdammer, Archiv Bd. 11 S. 856.

wissentlich versucht habe, den G. zur Bekräftigung einer Unwahrheit zu verleiten, so bleibt es zweifelhaft, ob der Versuch der Verleitung nur auf das Beschwören einer objectiven Unwahrheit oder auf wissentlich eidliche Bekräftigung einer Unwahrheit gerichtet war, ob also Angeklagter seinen Zweck durch Erzeugung eines Irrthums bei G. zu erreichen gesucht habe, oder ob er Mittel angewendet habe, um den G. zu bestimmen, eine von diesem selbst erkannte Unwahrheit zu beschwören. Ob das Letztere der Fall, ist eine thatsächliche Frage, welche die Anwendbarkeit des §. 130 bedingt, daher nach Lage der Sache und bei dem ausdrücklich gestellten Antrage einer ausdrücklichen Feststellung bedurfte."

Wenn daher das Gesetz keine Geschichte, sondern nur die Logik zur Erklärerin hätte, so würde gegen die obige Fassung von dem hier vertretenen Standpunkt aus nicht das mindeste Bedenken erhoben werden können. Es fragt sich, ob daraus, daß der §. 130 des Preuß. Strafgesetzbuchs jenen Worten Zwang angethan hat, und die bisherige Praxis dieselben also nothwendiger Weise gegen ihren eigenen Begriff von dem wissentlich falschen Eide hat verstehen müssen, die Befürchtung entnommen werden kann, daß auch die künftige Praxis ihnen diesen eingeschränkten Sinn beilegen werde. Diese Befürchtung würde nur dann begründet sein, wenn das neue Gesetz das frühere wörtlich wiedergäbe mit der ausgesprochenen Absicht dasselbe zu sagen, — wie es der §. 139 des Entwurfes z. B. thut. Sie ist aber dann unbegründet, wenn, wie hier vorgeschlagen, an die Stelle der alten eine neue Bestimmung tritt, an die Stelle eines bloßen Versuchs ein neues selbstständiges Verbrechen. In diesem Falle verliert die Geschichte mit dem Recht über den Inhalt auch das Recht der Interpretation einzelner Worte und die Logik tritt allein diese Erbschaft an. Jeder mögliche Zweifel aber würde durch einen klaren Ausspruch der Motive beseitigt werden.

Aus denselben Gründen aber dürfte für den Fall, daß die hier vertretenen Anschauungen für jetzt nicht Eingang finden, sondern daß auch die künftige Gesetzgebung nur den Versuch der Verleitung zum wissentlichen Meineid, nicht aber die wissentliche Verleitung zum falschen Eid unter Strafe stellen will, die umgekehrte Aenderung des §. 139 des Entwurfs dahin unvermeidlich sein, daß das „wissentlich" ausdrücklich vor „falschen Eides" „eidlichen Bekräftigung" u. s. w. hinzugefügt wird. Vor „Verleitung" kann dieses Wort dann unbedenklich wegbleiben, weil die Wissentlichkeit des Verleitungsversuches ein aus den allgemeinen Begriffen vom strafrechtlichen Dolus sich von selbst verstehendes Erforderniß auch des hier in Rede stehenden Verbrechens ist.

Jene Aenderung aber erscheint nöthig, weil, wie angegeben, die Unwahrheit als solche zunächst nur objectiv unwahr ist, und, daß sie es auch subjectiv sei, entweder aus dem Zusammenhang oder aus einem ausdrücklichen Zusatz hervorgehen muß. Am wenigsten kann daher ein Strafgesetzbuch, welches, wie der Entwurf, stets vorsorglich zwischen wissentlich falschem und fahrlässig falschem Eide unterscheidet, an einer Stelle dem Richter zumuthen, unter „falschem Eid" nur den wissentlich falschen zu verstehen. Ein Strafgesetz, dessen gewollter Thatbestand mit den Worten des Gesetzes selbst nicht wiedergegeben werden kann, wie das Königl. Ober-Tribunal im vorerwähnten Erkenntniß zutreffend ausgeführt hat, ist incorrect gefaßt. Zwar ist der höchste Gerichtshof sich in dieser Ansicht nicht constant gleich geblieben; so wird z. B. in dem Erkenntniß desselben vom 11. December 1862*) ausgeführt, daß in den Gesetzesworten: „zur eidlichen Bekräftigung einer Unwahrheit zu verleiten versucht" selbstverständlich inbegriffen sei, daß der Verleitende gewollt habe, der Andere solle wissentlich die Unwahrheit beschwören; es wird dafür der Sprachgebrauch angerufen, welcher von demjenigen, den man durch Erregung eines Irrthums zur Beeidigung einer falschen Thatsache zu bestimmen versucht habe, nicht sage: „er sei in Versuchung geführt oder zu verleiten versucht worden, eine Unwahrheit zu beschwören", sondern: „er sei in einen Irrthum geführt und zu überreden versucht worden, die vermeintliche Wahrheit in gutem Glauben zu beeidigen."

Durch diese gewiß richtigen aber vorsichtigen Umschreibungen wird jenes oben mitgetheilte Erkenntniß nicht widerlegt, und was hier als „selbstverständlich" bezeichnet wird, ist es nicht sowohl aus dem Begriff der „Unwahrheit", als vielmehr deshalb, weil man ganz genau weiß, daß der Gesetzgeber in diesem einen Falle mit diesem Worte etwas Anderes hat bezeichnen wollen, als es an sich bedeutet, und daß man in einer mehr als zehnjährigen Praxis sich daran gewöhnt hatte, mit diesem terminus technicus einen Begriff zu verbinden, der ihm wörtlich nicht inwohnt. Es ist aber nicht zweckmäßig, einen solchen in Wort und Begriff zwiespältigen Ausdruck in ein neues Gesetz aufzunehmen, zumal wenn dasselbe für eine große Zahl von Menschen be-

*) Goltdammer, Archiv Bd. 11 S. 110.

stimmt ist, welche bisher keine Gelegenheit hatten, sich an ihn in diesem Sinne zu gewöhnen.

Der §. 139 würde daher in dem gesetzten Falle dahin zu ändern sein:

Derjenige, welcher einen Anderen zur Ableistung eines wissentlich falschen Eides in dessen eigenen Angelegenheiten zur wissentlichen eidlichen Bekräftigung einer Unwahrheit oder zur wissentlichen Angabe der Unwahrheit nach abgeleistetem Zeugeneide zu verleiten versucht, soll mit Zuchthaus bis zu fünf Jahren bestraft werden.

Derjenige, welcher einen Anderen zur Abgabe einer wissentlich falschen Versicherung an Eides statt zu verleiten versucht rc. (wie im Entwurf).

VII.

Zum Schluß mag noch darauf hingewiesen werden, daß die Differenz zwischen der hier vertretenen Auffassung und der bisherigen Gesetzgebung auf einer Verschiedenheit der Grundanschauung basirt, welche das neuere Strafrecht von dem älteren scheidet.

So lange das Gesetz den Hauptgrund der Strafbarkeit des falschen Eides in der fälschlichen Anrufung Gottes, in der Gotteslästerung sieht, kann es nur den wissentlichen Meineid, und als Verleiter nur denjenigen strafen, dessen bewußter Vorsatz auf Herbeiführung eines wissentlich falschen Eides gerichtet war, denn nur dieser wollte einen Anderen zum Meineidigen, zum Gotteslästerer machen.

Das neuere Strafrecht überläßt die Sünde als solche ihrem eigenen Verderben; ihm wird die That zum Verbrechen durch die rechtswidrige Absicht und durch den rechtswidrigen Erfolg. Es bestraft im Meineide nicht die Gotteslästerung, sondern die Fälschung, und zwar die unmittelbar gegen die Rechtsordnung und damit gegen die öffentliche Rechtssicherheit gerichtete Fälschung. Von diesem Standpunkt aus erscheint die Bestrafung jeder vorsätzlichen Verleitung zum falschen Eide geboten, ohne Rücksicht darauf, ob dabei ein Anderer zum Gotteslästerer geworden ist oder nicht, genug, daß der Thäter selbst absichtlich ein Beweismittel gefälscht hat. — Auch die Strafbarkeit des Urkundenfälschers wird dadurch nicht ausgeschlossen, daß dem Papier, dessen er sich bediente, eine Schuld nicht beigemessen werden kann.

VIII.

Zur Uebersicht mögen die drei Fassungen hier nebeneinander stehen:

1. §. 130 des Preußischen Strafgesetzbuchs und §. 139 des Entwurfs:

Derjenige, welcher einen Anderen wissentlich zur Ableistung eines falschen Eides in dessen eigenen Angelegenheiten, zur eidlichen Bekräftigung einer Unwahrheit oder zur Angabe der Unwahrheit nach abgeleistetem Zeugeneide zu verleiten versucht (nach dem Entwurf: sucht), soll mit Zuchthaus bis zu fünf Jahren bestraft werden.

Derjenige, welcher einen Anderen wissentlich zur Abgabe einer falschen Versicherung an Eides statt zu verleiten versucht (nach dem Entwurf: sucht), wird mit Gefängniß bis zu einem Jahre bestraft; auch kann gegen denselben zugleich auf zeitige Untersagung der Ausübung der bürgerlichen Ehrenrechte erkannt werden.

2. §. 139 nach dem hier gemachten Vorschlag:

Derjenige, welcher einen Anderen wissentlich zur Ableistung eines falschen Eides in dessen eigenen Angelegenheiten, zur eidlichen Bekräftigung einer Unwahrheit oder zur Angabe der Unwahrheit nach abgeleistetem Zeugeneide verleitet, soll mit Zuchthaus bis zu fünf Jahren bestraft werden.

Derjenige, welcher einen Anderen wissentlich zur Abgabe einer falschen Versicherung an Eides statt (§. 138) verleitet, wird mit Gefängniß bis zu einem Jahre bestraft; auch kann gegen denselben zugleich auf zeitige Untersagung der Ausübung der bürgerlichen Ehrenrechte erkannt werden.

Der Versuch wird bestraft.

3. Formelle Aenderung der Fassung, wenn der Grundsatz des Entwurfs beibehalten wird:

Derjenige, welcher einen Anderen zur wissentlichen Ableistung eines falschen Eides, in dessen eigenen Angelegenheiten, zur wissentlichen eidlichen Bekräftigung einer Unwahrheit oder zur wissentlichen Angabe der Unwahrheit nach abgeleistetem Zeugeneide zu verleiten versucht, soll mit Zuchthaus bis zu fünf Jahren bestraft werden.

Derjenige, welcher einen Anderen zur Abgabe einer wissentlich falschen Versicherung an Eides statt (§. 138) zu verleiten versucht, wird mit Gefängniß bis zu einem Jahre (2c. wie im Entwurf.)

Berlin.
Druck von J. Dräger's Buchdruckerei (C. Feicht)
Adler-Straße 9.

Kolibri 360 GmbH
Ferdinand-Jühlke-Straße 7
99095 Erfurt, Deutschland
produktsicherheit@kolibri360.de